陳達仁　安采妮 著

香港動保電影

光影背後的動人故事

- 看見香港首部有關動物保護大電影《毛俠》背後不為人知的社會現實真相！
- 本片監製陳達仁真情剖白戲裡戲外的故事；演員安采妮友情執筆，細訴與毛孩之間的感人互動；演員陳麗雲「三婆」專序推薦！
- 香港第二部動保大電影故事初稿《毛姨姨》首度公開！

目　錄

Chapter 6　守護毛孩／安采妮　　99

電影・後記　　113

序　難得有心人

生而為人，在一生中，不免會經過許多艱難困苦，飽受衝擊，感到生也無歡。

然而，如果能夠有良好的性格，以不屈的意志，盡量化解逆境，便有機會離苦得樂。

若生而為狗呢？則完全不同了。

牠的生活與生命，只能任人操控，自己完全不能作主。如果成為愛狗之人的寵物，便可以平安舒服地過日子，不愁飢冷，不畏病侵。

但作為一隻流浪狗時，便十分悲慘了。

在電影「毛俠」中，所展示出來的畫面，非常真實地讓人感受牠們的苦況，令人嘆息流淚。

陳達仁先生，是一位難得的愛護動物的有心人，特別在對流浪狗方面，更是不遺餘力地為牠們做一切工作，去喚醒社會大眾，希望從而改善流浪狗的生活，「毛俠」就是基於這個理念去完成。這部片已經獲得極大的迴響，但陳先生並未此止步，還預算以後用十年的時間，每年都為保護動物拍一部片，期望能讓更多人，參與保護動物的行列，令人心更祥和，令世界更美好。

陳麗雲

2018年12月

Chapter 1

動保大電影由來

· 陳達仁

2014年從我加入娛樂媒體工作開始，在各種不同的網絡電台和主流電台擔任嘉賓、主持和監製的角色，後來也參與一些公關的工作。漸漸地把我自己的生活、興趣和工作的感覺融入所有媒體平台上。

我飼養寵物已經很多年，亦經常會將愛犬與我的合照或者是生活點滴擺放到不同的社交平台上，漸漸收到聽眾或觀眾私訊給我的有關虐狗個案。很多時候他們都希望我能夠於不同的媒體上為狗隻被虐的個案發聲。作為一位愛狗之人，我一直很關注並對動物保護的社會問題相當敏感。

不論是愛狗之人與否，香港很多人對身邊發生的虐狗事情其實是很憤憤不平，同時間他們也看到有能力去宣揚這些事的人、有能力去反駁這些事的人，或者可以直斥這些事的人很少，就算是有也不廣泛。

而以我所知很多娛樂圈或者是一些城中名人都要顧及各種不同的代言產品、個人形象或各式各樣要考慮的問題，所以他們盡可能去避免一些社會議題。有時候不小心說漏了嘴可能也要馬上收回，或許這算是我的一個優點，我在大部分的媒體平台都會講及這類型有關動物保護的主題，及後令我娛樂工作上認識

了安采妮。

安采妮是一位茹素十多年的少女，原因就是出於她愛動物，不忍心為了個人口腹之慾，而令動物受到傷害，甚至是死亡。而她不單止愛護動物，家中飼養的寵物更加是多不勝數。

直到2016年，認識了香港著名動物保護機構「毛孩守護者」，之後參與他們各種不同類型義工活動，我亦盡一點綿力去替這個機構找記者來作訪問，算是多一個宣傳渠道可以讓多一點人認識他們，表面看來是風平浪靜，但當時我背後受到很大的壓力。這是我意料之外的事，我一心只想更多人去關注動物保護問題，但很多人卻說我來佔便宜，抨擊我藉「毛孩守護者」來增加知名度，奈何面對這些閒言閒語，經過深思熟慮之後，還是不用太理會這些聲音，至少實實在在我做的事情能夠讓更多人留意到動物保護方面的社會問題。我是無悔參與這些義務工作，我相信日久見人心。

認識「動物守護者」義工日子久了，聽到很多他們分享遇過的社會上人與狗的真實故事，有悲有喜，有笑有淚，腦海裡一幕幕感人場面不停浮現，想得太多，心中就很希望可以集資開拍一部相關題材的電影，更加要是一部受到大眾關注的電影，這

樣就可以將動物保護的精神推廣得更遠，接觸到更多社會不同層面的人。

當我看到有時候大陸和其他地方有關吃狗肉和虐狗的新聞，有很多人於社交媒體上發洩揚言對這些人要以暴易暴，但這樣只是令問題無日無之，互相責罵是於事無補，最終被罵的一方更可能將憤怒情緒發洩於狗隻身上也說不定。

來到2016年，我嘗試開始籌辦這套有關動物保護為題材的電影。馬不停蹄與不同的動物保護機構洽談過，可不可以用捐款來拍攝電影？而我和我的團隊不會收取任何費用，但因為涉及很多細節問題，最後始終未能成事。因為站在動物保護組織立場上，捐款直接用作救助動物是最受惠的。

因此我轉移方向去尋找投資者，我一直以來都嘗試找不同的商界朋友幫忙，但總是不成功。他們都會向你「潑冷水」。因為如果從商業角度考慮，這套電影從不同角度去看始終都不是一項有潛力賺錢的「商品」。

再者，說到底我也不是一個相當有知名度的專業電影人，跌跌碰碰地去嘗試過，曾經也有氣餒過。直至2017年，我加盟一

間活動籌辦公司，他們給予我很多空間去創作及發揮不同的意念。經過一段日子與這間公司及同事們磨合，公司也樂見我於不同的活動加入一些動物保護元素，直至我嘗試向我公司的老闆去提出一個關於動物保護電影計劃的時候，我也花了很多時間和心思去證明給他看整個計劃及理念，從過往失敗經驗最終以商業的角度證明給他看這件事的可行性。

最後我也打動了他們，不過公司方面只願意先投放港幣20萬元給我去做一個有關動物保護的短片。當中的故事其實是這樣……

「我可以幫你投資開拍這套電影（當時我目標籌集資金是港幣300萬元），但是你要告訴我，我能夠如何從這項投資之中獲得利潤。」

也就是說，公司不可能白白投資而不顧及回報，即是底線是不用虧蝕。即使是有可能虧蝕，也要讓老闆有一個預算及心理準備。

當時中國的網路電影很流行，例如：愛奇藝及騰訊電視網絡電影平台。但是我沒有在大陸去物色這些網絡電影中間人（中間

人也就是發行商）。這些所謂的中間人，每個都聲稱自己能夠將電影變成網絡電影並且可以放到知名的網絡平台上。

後來我去了中國大陸不同的地方跟不同的中間人洽談後，我發現他們有一個共同點：給我的感覺都非常不踏實、很不真實及虛無飄渺。

我記得有一次長途跋涉從香港走到佛山，就連公司都不讓你參觀一下，就在樓下的咖啡店裡談，好像辦公室也不敢讓我去參觀，這已經令我非常沒有信心。他們聲稱說只要你有一段影片就能把它放到網絡電影平台上，也給我看了些例子。因此當時我有個提議，我問：可不可以拿一套香港的影片給你們發佈在這些知名的網路電影平台，去證明給我看你們是可以做到的呢？

正是這樣，我就向老闆申請能否以港幣20萬去買一套短片版權給大陸中間人試試上傳到網上平台，如果可以的話，那麼我們就正式開拍那套動物保護題材的大電影。因為當時都沒有想過是拍大電影，一般而言港幣300萬只可能拍一部網絡電影而已，剛巧我當時計劃只是想在網絡上播放的。

那麼我就去蒐羅不同的影片，希望可以買到好一些的影片給國

內代理人讓他們試試看。經過三個月的時間，還是找不到理想的影片。當時我一直是找我的好朋友歐卓文（後來成為我們動保大電影的導演）幫忙推介一些有水準的影片給我，更一起去研究這個動物保護大電影計劃。他也有幫我找到一些有水準的影片，但我們覺得雖然以拍攝電影來說港幣20萬不算是甚麼一回事，但是覺得這樣的話又好像把錢白花了去只是為「測試」這個中間人，那倒不如我們利用這筆錢去拍攝一套微電影吧！

這麼少的預算底下我們可以拍什麼呢？我以前也參與過由籌備至拍攝的一些微電影，但只是片長大約30分鐘左右而已。但這次只有港幣20萬元的資源卻要拍攝成一部90分鐘影片，而且要拍的題材很多，想來想去也想不通。

最後我們想出了一個辦法：反正我最終目標是要拍攝一套港幣300萬製作成本的動保大電影，那乾脆把這筆錢拍攝成一個「前傳」來當作宣傳，這豈不是兩全其美？

低成本製作，但要拍攝出高水準作品，導演提議用記錄片的形式去拍。因為可以省卻很多美術上構圖所帶來的道具成本及一些技術性的東西，而且實景拍攝可以加強戲劇的感染力及更逼真更貼近寫實。

當整個計劃構思好之後，終於正正式式投入拍攝製作這部前傳了！

後來歐卓文導演找到香港著名編劇李卓樺小姐願意為我們寫這個故事，把各種人與動物之間的真人真事故事串連改編。憑著這個故事劇本，再運用我和歐卓文的人際網路去找一些星級演員來參與這部電影。話雖如此「低」成本來製作，但是無論怎樣「低」成本也好，最終我們還是超支了港幣28萬才能夠完成，最後一共花了港幣48萬，以比例上來看是「嚴重超支」。在成本有限資源緊絀的拍攝過程中，我和我的團隊都歷盡艱辛，幸好每人都願意多走一步，無分彼此，經過整個團隊日以繼夜，夜以繼日的努力。拍攝過後馬上進入後期製作，完成後我看了整套電影一遍又一遍，我自問質素與「大電影」的水準無異。

於是我膽粗粗抱著一試無妨的心態，將影片拿到香港各大電影院線推銷。當然一套名不見經傳的超低成本製作電影要電影院線騰出「寶貴」時段讓你放映絕對不是簡單的事。千辛萬苦最終真的成功安排上映檔期。

由構思、拍攝和後期剪接到尋找電影院線以致最後安排上映，

加起來不用超過一年的時間。時間就是金錢，我們用最快速度，而且是用這麼一個低的成本，加上大量觀眾們都戲院支持這套動保電影，一切的一切對於我來說已經是「超額完成」。

這個就是動保電影「毛俠」的由來了。

亦希望在此再一次多謝入場觀看電影人士。

Chapter 2

寵物情緣

・安采妮

寵物・心靈伴侶

動物對我而言，不單只是朋友或家人這麼簡單，而且是心靈
伴侶。

小孩子一般是愛玩愛笑，但我卻是沉默寡言，有些同學將我視
之為怪小孩，甚至會被排斥、被攻擊的對象，現在回想起來也
覺得自己當時很可憐。

休息和午飯時間我總是躲在廁格內避開他們，久而久之變成同
學口中的怪物。更有同學趁我不為意時破壞我的物品，被欺負
已經是家常便飯。

其他人對我的不了解使我難以融入他們的生活圈子裡。門被關
上了但上帝卻是為我打開一扇窗。小動物就成為我唯一傾訴對
象和童年玩伴。從小開始家中已經有很多小動物陪伴在我身邊
包括魚、烏龜、鸚鵡、兔仔、倉鼠和天竺鼠等等。

人漸長大，來到中學時期不單止愛家中的寵物，眼看到街上的流浪貓孤苦可憐，莫說得到愛護，連填飽肚子也已經是頭等大問題，所以我便不時買一些合適的食物去餵牠們。流浪貓看到有食物當然不會害怕我這個陌生人是誰，對牠們來說當下最可怕是肚子餓。

日子久了，漸漸地與這一群流浪貓熟絡起來，後來每次一去到公園的時候，我喊一聲：「出來吃大餐啊！」牠們就高興得馬上從四面八方跑過來。

記得曾經有一次，我去到公園的時候見到有一個中年漢拿著樹枝去追打流浪貓。我不作多想，不理會是否危險，立刻走上前喝止這個瘋漢，他可能覺得我比他更瘋也說不定，結果成功將他趕走。危機過後那群流浪貓立刻跑到我身旁，依偎在我小腿旁邊撒嬌。那一刻令我好感動，原因是對我的信任，然而這份信任是一點一滴累積下來，會產生出一份真摯的感情。

而我所飼養的第一隻狗是始於2003年。相當年我一直懇求父母准許我養狗。留意到「一直」兩個字嗎？對，他們當然是「一直」以層出不窮的藉口去推搪，直到2003年有天經過一間寵物店，見到門外張貼了一張告示「四歲黑色松鼠狗女待領」。

經過我連續多日施展渾身解數軟硬兼施、動之以情，甚至是疲勞轟炸也罷。父母終於被我的誠意打動，准許我領養那隻松鼠狗，我當然視牠如我的親生妹妹一樣，所以我為牠改了一個名字，就是「妹妹」。而「妹妹」就成為了我心靈支柱。

轉眼間很快過了好幾年，而我也想試試獨立生活，所以與「妹妹」一同搬出去過新生活。因為只是一個人加一隻小狗，所以住的地方自然變得大很多。這段日子因為我參加一些有關動物保護組織的義工活動，所以家中的成員亦不斷「壯大」。不知道是緣份，還是自己刻意，家中成員變成六隻狗四隻貓及我自己。

牠們全部都不是用錢買回來的，但又不是我刻意跑去領養，好像冥冥中自有安排似的。有的是因為戀情告終分手彼此間的寵物也被迫與感情一樣要放棄、有的是因為太太懷孕不能夠再養寵物、有的是因為主人患上了長期病患自身難保而被迫放棄愛犬、有的是覺得寵物太頑皮最終接受不了，還有的是因為覺得寵物年紀老邁……總之是原因千奇百怪層出不窮，我也真是哭笑不得。

飼養動物不單要有愛心及耐性，還有就是主人會被寵物弄傷是

無可避免的。多年以來，我的手腳都累積了不少疤痕，新傷舊患，形形色色，絕對可以用「傷痕累累」去形容。

例如我收養的小狗「寶寶」，牠以前是一隻無家可歸的流浪狗，為了生存去覓食，在這個弱肉強食的世界裡面，牠要不斷與其他流浪狗競爭，不可能是搖頭擺尾就可以有糧食，要鬥惡鬥狠才可以活下去，這是「寶寶」及很多流浪狗的生存之道。

直至我收養了「寶寶」，牠有了一個家之後，一時之間牠的性格也不會因此一下子改變過來。走到街上「寶寶」遇到其他狗隻就會想衝過去打架，總之誰都是我的敵人，要先下手為強。幸好每次我都可以及時制止「寶寶」，不致於牠會傷害到其他狗隻。氣憤難平的「寶寶」唯有轉過頭來發洩在我身上，血肉淋漓是在所避免，我從沒有怪責「寶寶」，我知道牠始終是動物，難以一下子改變過來，有人會勸我放棄，但我認為只要一直願意花時間、耐性和愛心去教導牠們，總有一天就可將生命轉化。

來到今天縱使傷疤仍未退散，看到「寶寶」已經進步了很多，這就是我最大的安慰。

還有一點想分享的是，我是支持「領養」的。當中滿足感是牠當初很害怕你，連觸碰一下也不能，怕得躲起來，但日子久了，對你產生信任，建立起感情之後，變得時時刻刻也陪伴你，當中的滋味與快樂是難以言傳。

真正的信任是金錢也買不到，是要用心去栽培，一點一滴去累積彼此的關係。

夢想啟航・參與動保大電影

能夠參演動保電影簡直是我畢生夢想。這絕對不是誇張，因為一直以來很想將演藝工作與愛護動物意識扣在一起。歲月流逝令我感到這種機會越來越渺茫，努力過後等待，等待過後又再努力。皇天不負有心人，然而今次電影「毛俠」就完完全全實現了我心中最理想的一面。不是以人與狗之間唯美的純愛作賣點，反而大膽地從最貼近寫實的一面去描寫被社會大眾忽略的一群動物出發。能夠透過電影「毛俠」去實現我的夢想是一件令人很鼓舞的事情，因為過去我一直構想，但心知難以成事，我知道單憑我個人力量相當有限，難以宣揚得太遠，感染更多人。

電影不受國界、語言及年齡所限制，並且可以透過故事、畫面、情節的氣氛和配樂等等，充分表達想要的意念，將保護動物這個訊息傳得更遠，能夠喚起更多人的關注與共鳴。

至於電影「毛俠」劇情不單只圍繞於人與狗之間的情，而且要

帶出「尊重生命」的訊息。

「領養，不棄養！」

從電影的三個單元故事中，或多或少可以找到一個共通點，就是動物不會介意你是否富裕或貧窮，只要你用心愛護牠，牠就會對你從一而終和信任。

我們活在這個城市裡，人類主宰這個世界。雖然人類被稱之為「萬物之靈」，自問從「心靈」角度去看，卻遠遠比不上動物的純潔。

回想起電影拍攝過程真是辛苦得令人難以置信。最「切膚」體驗是拍攝外景之日程剛巧遇著寒流襲港的日子，我的角色造型上一直都是穿短褲的，為了劇情及畫面的連貫一致性，一個專業演員，就算要面對寒風刺骨之冷都一定會堅持下去。

其中一晚是拍攝深夜場景故事情節。當晚拍攝地點是香港一座著名高山「大帽山」，高山當然會更冷更大風。寒風凜冽，人一停下來就好像冰塊一樣要凝固起來。拍攝過程接近六個小時，但在嚴寒環境下每分每秒都變得相當漫長。一晚拍攝過

後，大部份劇組人員都病倒了。

可幸的是當晚拍的「演員」包括多隻流浪狗，牠們當然不曾接受過演藝訓練。嚴寒加上深夜人倦，拍攝難度就幾何級數上升了。不過我抱著一個信念，就是只要電影「毛俠」能夠令多一個人向好的改變，就能為多一隻動物帶來幸運，種種的辛苦都是值得的。

生命教育這個課題不是在書本上的，而是從生活中出發，當然最好是從小開始教導，「尊重生命，生命皆為平等。」

然而在影片尾段最終將一些殘酷畫面刪減了，為的是可以通過香港政府的電影審查，好讓評級為一級，那麼一家大小都可以入場觀看。

由此，希望更多人明白街上的流浪狗不單只是污穢及捱餓這麼簡單，而且還是每日都受到不公平的對待，有的更會被驅趕，甚至是被虐待！

或許未必能改變這一代的想法，但我盼望由下一代開始可以。

Chapter 3

動物保護團體的現實真相

·陳達仁

拯救「毛孩」‧每個人也可以做到與動物保護組織同行

為了電影故事情節臨場感及寫實程度，我們用上了很多個日與夜跟隨動物保護組織去參與他們拯救狗隻的行動，每一個細節點滴的累積就是電影重要的靈魂。伴隨著動物保護組織行動，體會很深，雖然我們沒有動手協助拯救行動，但親眼見證這種過程，我深深體會到那種漫長無盡的等待、肉體及精神上的煎熬與無奈，可以說是「慘無人道」，但義工們為了「毛孩」，為了拯救被大眾遺忘的生命，他們卻甘願付出精神和時間，就算是冒著危險也甘願一試，然而義工工作的背後卻不會受到任何政府機構或志願團體支援，他們的人身安全也不會受到保障，當中的體驗簡直非筆墨可以形容。義工們不問回報，默默地為「毛孩」的付出相當值得致敬。

新義工‧陳達仁

當我確確實實深入地去接觸動保團體之後，我才發覺一直以來，我以為自己是很愛護動物，原來與他們相比起來我只是一個門外漢，我過去為動物所做過的實在是微不足道。

大部份有關動物為主題的電影，故事主題大多數都是圍繞動物與人類之間的感情，生離死別去交織出「催淚」情節，配以美輪美奐的構圖包裝，處處發散一種溫情洋溢，好讓動人情節與畫面深深烙印在觀眾的腦海中，但來到現實很多動物所面對的卻是殘酷，這完全是另一回事。

與動保團體人士走在一起讓我看到很多，動物身上可能會有蒼蠅、寄生蟲、爛肉、牛蜱蟲，甚至乎會有傳染病；從外表看起來會令人「不敢恭維」，總而言之難以與「人見人愛」四字劃上等號。然而縱使是一個三餐不繼，無家可歸的流浪漢，就算只夠買一盒燒味飯，都會與愛犬一同分享，一天又一天彼此相依為命，一步一步走到人生盡頭對愛犬呵護備至不離不棄。對

生命的尊重與堅持，這種情操是多麼高尚。

或許這種城市裡的小故事可能你覺得似曾相識，在網絡或者其他媒體上看過，在手機上「滑」過了，在這個資訊爆炸的年代中，這些好人好事往往只能夠「曇花一現」轉眼即逝。腦海裡就有一個想法，如何將這些故事帶到主流社會當中？如何讓更多人關注到這些缺乏保護的動物問題？還有是推廣動物保護團體的工作呢？

那麼我就決定將動保團體的「痛苦」生涯與故事登上大銀幕。可是等到更深入去參與動保團體的工作後，我發覺又有另一些問題出現，而且令我感到相當震驚。保護動物團體之間原來為了金錢、社會地位或者利益會互相攻擊，難免會錯過了許多可以做更有意義事情的機會，所以最大的問題非源於動物，而是人。

我有想過是否只是拍一套網上電影已經足夠？我考慮的是，如此又將會是流於網絡上一個「讚」。登上大銀幕的層次效果又將會是另一回事，我深信可以將愛護動物的訊息傳得更遠，去到更大的社群並且能夠感染更多人。

電影中的故事是以真人真事為藍本，其實為了令觀眾看得「舒服」一點。我們刻意將現實中最卑劣的情節刪改，然而於整套電影九十分鐘的最後三分鐘，我們編排了現實中一些「卑劣」的真相呈現於觀眾眼前，所以我不希望有觀眾中途離場，懇請留到最後，否則就錯過了讓電影將情緒推到「頂點」的一剎那。

為了拍攝出故事最寫實的一面，整個過程十分之辛苦，回憶起來難以想像。我們採用長鏡頭（Long Take，或稱為一鏡到底、不中斷鏡頭或超長時間鏡頭）拍攝方式，加上採用大量實境拍攝，所以很多時要封路封人。更因我們資金有限人手不足，所以控制現場人流與交通情況就難上加難，不時更遭人喝罵。

以香港小小的一片土地有著不少的動物保護組織亦已運作多年，亦不乏愛護動物意識的社會，我心想何以至今仍未有過動物保護的大電影呢？

坦白說在商業社會裡拍攝動物保護電影，我已預計是不可以用來賺錢，只希望讓更多人可以看到大城市裡的另一面，甚至我希望可以將動物保護的意識教育到下一代。自問我不是一個知識份子，但我確實希望可以藉著三個電影單元故事可以讓更多

人明白動物保護是甚麼一回事，透過電影帶出各自的感受、領悟及反思。我深信九十分鐘的電影可以勝過千言萬語。

動物保護題材的電影是第一步，希望可以引起主流的電影發行商，甚至是投資者關注。從而吸引到「正常」的投資者，「正常」的電影製作單位，「正常」的院線支持，還有是「正常」明星支持。

Chapter 4

電影故事背後的
現實真相

・陳達仁

電影中三個單元故事是根據真人真事改編的，當中的人與事確實在香港這城市發生過。戲裡出現過的一些故事上穿插枝節及人物也有不少在其他拯救狗隻行動中遇上。因此雖然只是三個故事，但當中所包括的人和事卻遠遠不止於此。

現實世界是殘酷無比，最終因為要通過香港政府電影、報刊及物品管理辦事處審批才成事。相信大家都很有興趣知道現實的故事是怎樣？請作好心理準備，如果您是愛狗之人，也許你會更心痛，可能會感到更加難受。

為自己的電影寫影評

「走訪全香港大小電影院，超過兩百場謝票活動。我發覺原來我不曾像普通觀眾一樣正式購票入場，坐在戲院內欣賞這套電影。因此我嘗試像一個普通的觀眾，以他們的心態及角度出發，從網上先看看影評，再尋找合適的場次到戲院購票，買些零食開開心心的等待入場觀看電影。雖然這電影是自己的心血結晶，由拍攝到剪接，加上配樂及中英文字幕等等，每個過程我都重覆了看過電影每個小節無數次，當我坐在戲院的椅子上心情同樣地會感到期待。」

「我嘗試抽離自己是這套電影製作人的角色，從一個觀眾角度出發去欣賞這套電影，從頭看一遍心底裡確實是感動萬分。」

「在此十分感謝香港不少影評人給予我這套電影的撰寫影評，一字一句沒有遺漏的看了一遍又一遍。忽發奇想，我也希望為自己的電影寫一些感想，自我的影評。」

「今次這套動物保護題材電影我可以向大家說只是一個開始。無數令人感動人與動物之間故事，我希望可以繼續以電影呈現給每位觀眾，在此再一次感謝支持我和我團隊的人。」

陳達仁

2018年11月20日

單元一　真實的狗肉飯店

顧名思義，故事藍本是一間非法販賣「狗肉」的飯店改編而成。時至今日香港法律規定任何人不得屠宰狗隻或貓隻作食物之用，亦不得售賣、使用或允許他人售賣，刑罰是罰款及監禁。

其實時至今日，香港一些鄉郊偏遠的村落依然會有非法屠宰狗隻食用，而這種村落香港稱之為「圍村」，圍之意思是比喻圍起來自成一國。因此警方執法起來非常困難。

現實是一家動物保護組織收到有一名愛狗如命的村民來電投訴有村民在圍村內屠宰狗隻食用。因此動物保護組織資深成員「阿健」隻身走到圍村調查一下，希望可以救出未慘遭毒手屠殺的狗隻。雖然看不到屠宰狗隻，但在一個大型垃圾箱內發現很多狗隻頭顱骨，阿健看到這一幕也嚇得呆立當場，差點嘔吐大作。

如此場面當然不能夠在電影中出現。你看到這一刻可能會問為什為不馬上報警求助呢？那麼就自己代入阿健身在「圍村」的情況吧。

一個「外來人」跑到圍村，當然很快被認出。阿健明查暗訪之中，沉不住氣與一名「疑似」曾經吃狗肉的村民展開罵戰，愛狗深切的阿健言語間惹怒了該名村民，慘遭對方追打，對方更找來更多村民幫忙，自然是人多勢眾，阿健被罵個狗血淋頭，最後更將他趕離圍村。幸好阿健沒有受傷，雖然憤憤不平但卻感到很無奈，漸漸知道要沉住氣才行，否則到最後又是狗隻會受罪。

為什麼？因為像阿健這種「義工」，如果對那些缺乏愛心或者是虐待狗隻的狗主指罵，他們好多時候就會將憤怒情緒發洩於狗隻身上，更甚者試過在阿健面前說：「你不喜歡我這樣做嗎？」邊說邊抽打狗隻，場面令人髮指及痛心。

電影故事中所以要避免一下，唯有將整件事改成……

單元二　真實的虐狗婆婆

一看標題就知道是關於一個老婆婆與她所飼養狗隻的故事。

電影故事內容就不可以提及了，反而是這個個案令我感受很深，原來香港社會是有這樣的一類人，有一類長者他們不怕你報警、謾罵、報復或者甚至使用武力。他們有著根深蒂固的傳統思想，對狗隻的態度是「我是你的主人、養你、我給你飯吃，所以我對你怎樣都可以。」

傳統觀念驅使這些長者對狗隻有感情嗎？以動物保護組織非正式統計是大約各佔一半左右吧。大概是保留中國傳統那種「門口狗」的想法，不會視之為「寵物」，只會把狗隻當作工具。更會對動物也像人一樣要守規矩，我要你做的你必須要執行。

與動物的相處會有管教，但不會理會動物本身的感受，心情是快樂還是失落。我給你吃給你喝不會讓你捱肚子餓，就要乖乖的為我看門口。

現實中，這個虐狗婆婆，可以說她是虐狗嗎？她用鐵鍊把飼養的狗隻綁在樹上，但那條鐵鍊很短，而且緊緊綁在比較高的位置，一看就知道她的目的是不想狗隻可以很舒適地躺在地上休息或睡覺，最大限度只是剛剛好可以筆直的坐在地上。婆婆用意當然是怕小狗偷懶睡覺，沒有好好去看門口。年年月月日復一日如是，在我眼中來看絕對是虐待行為。可是卻沒有辦法勸服婆婆讓小狗多一點活動空間。

莫說是活動的自由，還有一種人我也難以理解的是每每家庭出現問題都可能為狗隻配上不同的「罪名」。例如家中有人生病了，就說成是狗隻把細菌傳染給家人。小朋友無故地哭個不停，就說成是狗隻嚇到小孩。家中孕婦肚裡的孩子保不住了，又會以迷信的解釋將責任推到狗隻身上。各式各樣毫無科學根據的理由，要狗隻去背負不同的罪名。這算是一種虐待嗎？我認為是！

狗隻不是一件工具，是有血有肉，有思想有情感的動物。動物需要得到應有的尊嚴，或者婆婆會願意放生狗隻，覺得這就是還牠自由，可是婆婆忘記了被飼養久了，狗隻求生本能會大大降低。

電影中結局當然是美滿，現實卻是一齣悲劇，但願電影故事的結局可以讓人們能夠反思，「毛孩」的命運就可以從此改寫。

在此希望每位狗主都好好善待自己的寵物。

單元三　真實的遺棄浪人

這個流浪漢與愛犬的真實故事十分令人動容,一個社會上最卑微的人,他對動物的關愛超越了人與動物。他將愛犬視之為朋友,甚至是家人。他貧窮得要命,兩餐溫飽已經是很困難的事,但他仍然願意一盒燒味飯與愛犬分甘同味。生活是地為床、天為被,幸運有床可以睡覺也願意分一半給牠,當然睡在街頭也是在一起。這份關愛超越了金錢、利益或者身份的區別。

這是個活生生好寫實的故事。電影中講到流浪漢與狗由命運的相遇,至產生感情,一起同甘共苦不離不棄,最後身患末期絕症的流浪漢,無奈地要安排愛犬離開自己為將來有更好的生活。

電影來到這裡畫上了句號,但現實卻是更令人感到無奈與痛心。稱得上流浪漢當然是無依無靠,哪來朋友可以幫忙照顧狗隻呢?流浪漢入院後不久就離開人世,愛犬當然不知道主人已

經不會再回來，終日留連在昔日住在一起的大廈天台，當然沒有人會為牠送上食物，唯有依靠天台上空調的抽濕排水口滴出來的水來維持生命。

就算日曬雨淋，風吹雨打也不願離開天台，苦苦支撐著等待與主人重聚的一天，可是牠卻不知道主人永遠不再回來。不久有市民致電向動物保護組織求助，希望可以救救牠。可是好幾次嘗試過後也無功而還，好像聰明得知道我們用餌來引牠一樣，與此同時，亦有市民向香港政府轄下的漁農自然護理處舉報有流浪犬經常出沒於大廈天台影響公眾衛生。該處接到投訴後，很快就到現場作出圍捕行動，結局當然是人道毀滅。動物保護組織人員當然不願見到這個結局。

可是現實更殘酷，在圍捕過程中這隻唐狗被包圍，被步步緊逼到牆角。正當多名漁農處人員打個手勢準備一撲而上之際，唐狗轉身跳上圍欄，從樓高八層的大廈天台一躍而下，牠不甘受困，不甘生命由人擺佈操弄，寧願自己選擇了結生命。這份人與狗之間的感情但願來世再續，今世恩來生還。

Chapter 5

電影《毛姨姨》
·初稿

1. 兩個毛姨姨

今天不是公眾假期，也不是清明節或重陽節。圓玄學院的骨灰龕寺廟內份外冷清，只有一位老婆婆正在很用心地為她兩位家人的靈位好好擦拭一番。四年過去依舊是光潔如新似的。

毛麗嫦今年七十歲，人稱「毛姨姨」，兒子及丈夫於四年前因交通意外不幸離世，一家三口就剩下毛姨姨一人，四年過去依舊經常去「探望」家人。執拾好祭品之後離開庵堂，來到山上一處涼亭坐下來好好休息一下，靜靜的一個人，呼吸一下新鮮空氣，以舒解心中的鬱結。

不久，一位年邁的女清潔工推著垃圾車及清潔工具，一步一步來到涼亭前滿臉笑容地向毛姨姨打招呼。毛姨姨也高興地走出涼亭，很有默契地與她一同推著垃圾車，一邊談天說地，一邊走到偏遠處一同坐在路邊。清潔工因為害怕被人看到自己坐下來休息而因此會被人投訴，所以不時四處張望。

這位年邁的女清潔工也同樣是姓毛，叫毛金妹，因為毛姨姨經常前往拜祭時遇上她，大家年紀相近，性格同樣開朗，久而久之大家就成為朋友，毛金妹本來已到退休年齡可以安享晚年，但是他仍然繼續工作原因是為了山上被人遺棄的流浪狗。當初只是把一些從山上拾回來的食物分給牠們，日子久了漸漸產生感情，對一眾流浪狗愛護有加。

雖然不是原原本本的了解，但毛姨姨從毛金妹口中得知她與自己一樣，家人已不在身邊，如今也是孤單一人繼續走自己要走的路，後來毛金妹覺得一邊工作一邊可以賺到金錢買一些比較好的食物給流浪狗，亦可藉此經常在山上陪伴著牠們，也很自在寫意。別人眼中清潔工人可能是一份低下階層的工作，不過她反而樂在其中。

二人還有一個地方是很相似，就是毛姨姨同樣地對狗隻愛護有加。本來是住在上水的農村，家中附近有一片小小的農地，三年前因為收養了一些村內因為年老體弱，身體機能逐漸退化的狗隻，眼看牠們孤苦伶仃被遺棄，希望牠可以好好走完生命的最後一段路，她繼而把農場改建成一個獲政府發牌認可的狗場。

一般的狗場都是專門營辦狗隻配種和出售，以維持狗場的營運開支，但是毛姨姨反而專門收養流浪狗或年老的狗隻，一開始由她一個人一板一瓦建立起這個狗場「毛之家」。

年紀小的狗隻還有可能被收養，而毛姨姨開辦的狗場內的狗隻絕大部分都是患上疾病或者是年老的，被領養的機會是微乎其微，而且狗隻的醫藥費就成為了狗場內最大經濟支出，依靠政府微薄的資助，加上缺乏義工支援，唯有用毛姨姨的積蓄和家人遺留下來的保險金支持這個狗場繼續營辦下去。毛姨姨與那些被遺棄的狗隻感情日深，感到彼此也是孤苦無依，同樣地一起走在生命最後一段路，有緣彼此遇上大家就好像一家人。縱使生活捉襟見肘，物資缺乏，只是一個簡陋的狗場，但她都會盡心盡力對狗隻，而且不離不棄。

縱使別人眼中他們是「捱苦」，兩個人同樣地是為了狗隻，心存善心不在乎物質及金錢上的富有，而是追求心靈上滿足，旁人眼看表面是貧窮卻活得快樂。

2. 毛家可歸

晚上七時上水的菜市場，大部分的店舖已經關門或者是店員正在努力洗刷店舖四周範圍，整個菜市場人流疏疏落落，不過毛姨姨卻最喜歡這個時候才到這裡，原因為何？

蔬果店每天關門之前都會將一些爛掉或快要腐爛的蔬果一箱一箱倒到門外。「精打細算」的毛姨姨會把握這個時候來「尋寶」，發掘一些仍可以食用的蔬菜帶回去做飯，有時候要招呼一些臨時義工的飯菜都要靠「尋寶」得來，確實可以節省不少金錢。不過憑著毛姨姨精湛的廚藝，下欄菜都可以變成上等的美味佳餚，義工們都吃得津津有味。另一方面，狗場內狗隻食用的水果也是從這個方法得到「源源不絕」的供應。

十二月份的晚上氣候十分寒冷，毛姨姨如常地在菜市場找到一些仍可食用的食材，正當打算返回狗場「毛之家」的時候，她看到一名年約大概40歲的中年男子躲在菜市場的一角，不知道他是睡著還是閉目養神，他的面前地上放有一塊紙牌上面寫

著：「無家可歸，社會遺棄，飢寒交迫，盼有心人可以幫忙渡過難關……。」。

毛姨姨走上前細心看看，這個男子身旁有半支清水，一大一小兩個手提袋，看起來裝得滿滿的，細看他衣著雖然不算光鮮但又不像一個乞丐，看他四肢健全，又不似是一個傷殘人士，滿肚子疑問。

毛姨姨蹲下來向他發問：「你好啊，你為什麼無家可歸呀？」

男子好像清醒過來，臉上閃過一絲詫異的神色，似乎有點難以置信竟然還有人會關心他的存在。因為一路走來，路人不是對他避之則吉，就是將他視作透明一般。

男子很久沒有開口說話過，久久也說不出話來。或者他也不知應該從何說起才對。

3. 依依不捨

一轉眼很快冬天過去，生活一天一天的過，人與人之間不同的人和事、相遇和離合，冥冥中就是緣分安排。

毛姨姨當日在菜市場遇到那個無家可歸的中年男子叫馬健，他其實是一名剛剛刑滿出獄的釋囚。五年前因為嚴重傷害他人身體罪名而被判入獄，在牢獄中的日子，他已經深切反省改過自新，而且在獄中勤奮努力讀書，出獄之前考獲多項具專業資格的高級文憑。

在獄中的日子，他世上唯一的親人就只有母親，可是五年以來母親並沒有到來探望他，所以出獄後他也沒有勇氣聯絡母親。在缺乏社會機構給他的支援底下，沒有固定地址及他留有案底，更加難以找到工作，輾轉間流浪街頭無家可歸。當晚毛姨姨詳細聽過他的故事後，一口答應收留他到狗場暫住，包一日三餐，但條件是要幫忙照顧狗隻及管理狗場。

馬健當時感到難以置信，更感動得哭起來。確實他的出現能夠減輕許多毛姨姨的工作負擔。不過美中不足的是雖然他是一個男子漢，但他害怕比較大型的狗隻，所以毛姨姨有時候看到他被身型龐大的狗隻弄得左支右絀，場面非常惹笑。

雖然馬健已經算得上是重過新生，但他心中始終介意自己的過去個性沉默寡言。有些到來幫忙的義工甚乎以為他是啞巴。照顧被遺棄的狗隻日子久了，馬健自自然然對狗隻也產生感情，雖然是人與狗，但大家都同樣是被社會遺棄，曾經到處流浪，緣分安排之下成為彼此同一屋簷下，感覺上大家又有何分別呢？深切體會到「同是天涯淪落人」這句話的道理。

＊＊＊

滿臉愁容的安采妮抱著她的愛犬松鼠狗「多比」坐在私家車的後座，而她的父母則坐在司機位置及旁邊的位置。車廂內播放著輕快的音樂，但安采妮的心情剛剛好是相反，越接近目的地，她的心情就越加沉重。目的地就是毛姨姨的狗場「毛之家」。

暑假過後新學期開始安采妮就要到澳洲深造一年多，而這個

機會是千載難逢，父母當然拒絕她因為要陪伴寵物多比而放棄學業。身型細小的多比看起來仍然十分可愛趣緻，非常討人喜歡。若然以人類的年齡去計算，牠的年紀已經是超過70歲，安采妮家中的外傭不太懂得照顧多比，而她的父母各有各忙，沒有朋友願意幫忙照顧年老的多比，就算是狗酒店亦因為年紀問題拒絕入住。

於是安采妮在網路上四處尋找可以幫忙照顧年老狗隻的地方，最後尋找到「毛之家」，所以數個月前已經做足準備功夫，先到狗場做義工實地參與當中運作，她從小到大都是一個愛護小動物的人，但從未參與過有關動物的義工工作，來到狗場當義工才知道原來並非想像中的一回事，加上「毛之家」的狗隻數量超過30隻，大部分都是年老多病照顧起來就更加困難，單單是分配食物及食水已經叫青春年輕的安采妮吃不消。

認識毛姨姨之後發覺她是真正無私奉獻自己的金錢與時間去營辦這個狗場，當看到毛姨姨雙手雙腳佈滿不同深淺和長度的疤痕，就知道是被狗隻所傷，因為要捉流浪狗或照顧初到「毛之家」的狗隻。當狗隻面對陌生人往往會因為驚恐或者自保會拼命反抗，要令動物相信你的話，就要用愛心與行動去證明，是沒有捷徑可走。有狗隻病倒她會很擔心，不會因為醫療費用昂

貴而放棄牠們生存的機會。

越來越接近離開香港的日子，安采妮相信毛姨姨可以幫她好好照顧多比，令他心情忐忑不安的是多比年事已高，脊骨老化行動有點不便，其中一隻眼睛開始患有白內障，所以一年的日子其實是很漫長，能否撐得住是一個未知之數。

小小的一隻松鼠狗多比，日常用品可是非常之多，安采妮的父親駕車陪伴她與多比前往「毛之家」。多比還是第一次來到，起初對這個陌生的環境有點兒不自在，但很快就與毛姨姨熟絡，一起渡過一個愉快的下午。

聚有時，散亦有時，安采妮與她的家人是時候要走了。毛姨姨抱著多比送她們上車，安采妮很想再摸一下甚至是抱一下多比，但是她沒有這個勇氣，害怕一抱就不願放手，她再也說不出多一些話來，強忍著眼淚向多比及毛姨姨說聲再見，三人一同上了私家車，這一刻多比意識到她們要離開，不停地低鳴和從毛姨姨的懷抱掙扎離開。

安采妮不敢回頭看，從倒後鏡把這個情景看在眼裡，這一刻她已經哭崩了，安采妮的母親緊抱著她，並安慰說：「傻女，多

比一定會等你回來，只是一年多轉眼很快就會過去，長假期也可以回來看看牠，對嗎？」

安采妮也說不出話來，只是不斷地點頭，她的父親眼見愛女如此傷心，一時之間也不知道說什麼才好。

4. 守護天使

「毛之家」附近一帶有不少臨時貨櫃場,由於地點位於偏僻處,場主會怕有盜賊潛入貨櫃場內偷竊,但是為減省成本,不會花大量金錢去安裝保安系統,反而會飼養一定數量的狗隻在場內看守。其實這些狗隻很可憐,只是被人們視作工具,沒有尊嚴與自由。馬建有時候都會帶一些水果到貨櫃場探望牠們。牠們多數也是吃場內職員飯後的冷飯菜汁,有水果吃都已經是天堂美食,所以牠們與馬健感情很好,遠遠聽到他的腳步聲已經非常雀躍。

馬建嚐過失去自由的痛苦滋味,所以希望為這群缺乏關心的唐狗帶來一絲人間溫暖。

悶熱的天氣持續,原因是一個超級強颱風正逐漸向香港逼近。就連一向笑容滿臉,從容不迫的毛姨姨也變得大為緊張,畢竟年紀老了動作不夠快也不夠靈活,幸好有馬建幫忙,總算是順利完成狗場內的防風預備措施。

暴風雨來到，狗場內的狗隻也感到不安，嚇得不停吠叫，在籠內走來走去。馬建看到在吃蘋果的松鼠狗多比就想起了他在貨櫃場的狗朋友！不安的感覺湧上心頭，拿起雨傘馬上跑過去貨櫃場。貨櫃場大閘已經關上，職員一早已經聞「風」而逃。圍著四周希望可以看到裡面的情況，雖然拿著雨傘，但在強風暴雨之下早已經全身濕透，馬建在泥地上四處奔跑，弄的滿身泥濘。

風聲呼嘯，大雨哇啦哇啦的灑下，馬建隱約聽到狗吠聲，他也不理會這麼多，拋下雨傘，翻過鐵絲網跳入貨櫃場內。狗吠聲越來越清晰，馬建終於找到了！原來貨櫃場職員離開之前把牠們用繩綁在鐵柱上，以免牠們因為躲避風雨而逃跑掉。不過他們忽略了很重要的問題是場內會有浸水或吹倒雜物的危險。

被綁在柱上想逃走求生也不可以，唯有拼命吠叫求救。此刻水浸深度已經差不多一尺高，幸好馬建及時趕到，將六隻狗朋友順利救出，冒著強風暴雨，在強勁的逆風下，一步一步往前行，本來只是十分鐘的路程都弄得筋疲力竭，最終都順利將牠們帶返到「毛之家」躲避風雨。

本來打算靜靜地等候颱風離去，可是馬建的六位「朋友」到

訪，替牠們擦拭身上的毛髮，免得牠們著涼，再要準備一些食物，馬上又變得忙個不停。六位「朋友」很快就忘記了剛才與死神擦身而過，來到這個新地方表現相當雀躍，與馬建玩得不亦樂乎。

雖然剛才相當驚險，馬建因為那些貨櫃場職員如此對待狗隻，賤視牠們的生命，感到相當氣憤，但這一刻六位「朋友」逗人喜愛與他玩得不亦樂乎，怒氣已經煙消雲散。

後來風雨稍微轉弱再回到貨櫃場留下紙條告知狗隻已被帶到安全地方並留下聯絡電話及地址。如果不這樣做的話一定會把貨櫃場職員嚇壞。因為馬健情急之下將鐵絲網破開一個大洞讓狗狗可以爬出去逃出生天。

幸好貨櫃場職員都知道自己理虧在先，沒有追究馬建闖入及破壞鐵絲網，最後亦答應毛姨姨及馬健會善待狗隻，不會再只視之為工具。

5. 別離・離別

距離安采妮將松鼠狗多比寄養在「毛之家」已經半年之多，因為聖誕假期她患上嚴重高燒及感冒，所以不可以乘坐飛機回香港探望愛犬多比，為了此事安采妮又哭個半死。受安采妮所託加上多比是場內身形最細小，毛姨姨會對牠份外照顧有加。為了可以讓在遠方的安采妮多點看到多比的近況，更學會如何用智能手機拍照及傳遞訊息。

不過說實在多比的健康情況已經比半年前差，可能是脊骨退化關係，每天躺下來休息的時間越來越長，是身體問題還是想念安采妮？對任何事總是提不起勁，毛姨姨開辦狗場這麼多年，陪伴過數不清的狗狗走完最後一段路，每一次她自己都會感到很痛心難過，但是今次不同的是還有多比的主人安采妮，過去的傷心是毛姨姨獨自去承受，不忍多比離世之外，她亦不願見到她們永別。

想到此處不禁會勾起毛姨姨對兩位已離世家人的思念，還有那

份難以言傳的痛楚。

安采妮出發前說過，萬一多比真的不行，馬上打電話告知她。可以的話她會馬上趕回來……幸好多比仍然能夠堅持下去，安采妮學期小休可以回港五天。

回到機場已經是香港晚上十時，安采妮的父母已經一早來到等候她。擁抱過後，父親當然懂得女兒的心意，她怎會願意跟他們回家呢？為人父母也會體諒女兒的心情及尊重多比這位「長者」，馬上開車送她到「毛之家」。毛姨姨抱著多比到大閘等待安采妮回來。

動物的靈感確是超越人類太多，安采妮一下車本來好像睡得深沉的多比，馬上醒過來朝安采妮的方向吠叫。

安采妮與多比久別重逢，分隔了189天，經無數遍的思念，期待了這一刻千百次。多比終於回到安采妮的懷抱。站在一旁的毛姨姨也替她感到高興，總算是暫時放下心頭大石。因為多比行動不便安采妮所以這幾天都會留在「毛之家」暫住。

毛姨姨又跑到玄圓學院「探望」一下家人，順道到旁邊的寺廟

替多比祈福，見到她們重逢的一刻，希望多比可以健健康康等到安采妮學成歸來再一起過生活。毛姨姨前往寺廟時又來到涼亭休息一會兒，不到十分鐘不知道是巧合還是緣分，她的「老朋友」毛金妹又推著垃圾車經過，很有默契地一同走到別處又坐下來談天說地，互相訴說大家的近況。老人家每逢碰面最關心的仍然是對方的健康，能夠見面即是代表對方安好，彼此都感到心安。

毛姨姨也有勸她不要再做清潔工，始終是戶外工作很勞累，並向她暗示如果不介意的話那些流浪狗全部都可以送到「毛之家」，但是毛金妹始終認為牠們習慣了山上的生活，這裡才是牠們的家，所以婉拒了這個提議，因此毛姨姨也不多作勉強。

這個時候毛姨姨的手提電話響起來，來電者是安采妮，她有一股不安的感覺。

安采妮驚慌的說，早上的時候多比很精神，還可以跟著她行來行去，飲食份量也很正常。不知道為什麼，牠午睡過後醒過來忽然變得有氣無力似的，連站起來也有問題，意識好像有點迷迷糊糊，對人對事好像失去了焦點一樣。

毛姨姨馬上告知安采妮獸醫的電話及地址，叫她馬上帶多比過去，她亦會馬上趕過去。一直最擔心的事情終於要發生。

毛姨姨比安采妮早一步來到獸醫診所，幸好這個時候沒有其他動物正在看診，所以醫生可以馬上為多比治療。經醫生初步診斷發現多比身體多個器官出現衰竭的情況，所以變得氣若游絲，沒精打采。醫生再用手電筒照著多比的瞳孔，原來白內障已經擴散開去，所以視力所剩無幾。今個早上還是精神奕奕，可能就像一些人所說的「迴光反照」。

安采妮聽到這裡雙手掩著嘴巴，眼淚不受控的流出來。

毛姨姨安慰她說：「傻女別哭了，多比牠很勇敢，很堅強，一直支撐到妳回來，你要陪著牠好好珍惜每一分每一秒。」

醫生告知安采妮叫她要有心理準備，多比將會隨時離開，這一刻可以為牠注射一些刺激體內機能的劑藥，好讓牠可以活多一會兒。聽到醫生這麼說，連毛姨姨也忍不住哭起來。

注射了針劑過後，多比真的好像睡醒了一樣，雖然有點睡眼惺忪，但總比剛才奄奄一息的好。安采妮告訴毛姨姨想與多比靜

靜的一起渡過最後的時光，說了一聲告辭就離開診所了。

安采妮帶著多比來到牠以前最喜歡到的公園，抱著多比坐在公園的木凳上，一邊輕輕撫摸多比柔軟的毛髮，一邊細說一起走過的日子，一邊回憶著過去種種往事，轉眼間由下午陽光普照來到現在黃昏時候。多比一邊聽著不時抬頭看看四周，似是在尋找安采妮的臉。

夕陽的餘暉灑落在公園的草地上，多比好像睡著了似的再也沒有抬起頭。突然安采妮整個人愣住了，因為她再也感覺不到多比心跳傳來的跳動。這一刻她心痛得哭不出來，原來傷心到最盡處，反而是想從心底裡呼喊也做不到。

「永別了，感謝妳為我帶來美好的時光，感恩生命旅程最後都能夠在一起，珍重。」

6. 不合格的寵物禮儀師

多比離去後，安采妮收拾心情回到澳洲繼續完成其學業。光陰似箭，轉眼間已經學成歸來，回到香港後仍然繼續到「毛之家」當義工。眼見毛姨姨白髮越來越多，安采妮盡力想辦法宣傳一下「毛之家」，希望可以吸引到更多義工來幫忙。不過資訊爆炸的年代，要突圍而出亦非易事，所以她努力尋找及嘗試不同的方法。

毛姨姨則從來沒有考慮這些問題，只懂得默默地日復一日盡心盡力照顧狗隻。「毛之家」所有狗隻最喜愛就是圍著毛姨姨團團轉，有時候毛姨姨會帶一些食物到山上幫毛金妹一同照顧流浪狗，目的是讓牠們減低在野外生存的野性，為他日要遷入「毛之家」作準備。因為總有一天毛金妹會退下來，到時候就要比漁農自然護理處的人快一步，否則牠們就難逃被捉去人道毀滅的命運。

安采妮對毛姨姨的善心善行十分尊敬，努力在網上尋找宣傳方

法的時候，無意中看到一段網上自拍影片。

片中主角叫陳達仁，相信是真實姓名。整段影片是他對著鏡頭機關槍式連珠爆發，不停地破口大罵，罵的是交通部門不尊重及處理失當而導致有流浪狗隻斃命於路軌之上。雖然用詞粗俗及不雅，但內容卻不失道理。想深一層，其實願意為一隻流浪犬而這樣花時間以真名真姓這樣做的人實際上是少之又少。

好奇之下安采妮再看看這個陳達仁到底是何方神聖，原來他正職是一位禮儀師，卻熱心和關心香港流浪狗問題及爭取權益。

禮儀師三個字令安采妮想起了多比，確實要找一個禮儀師幫忙一下。直覺告知她陳達仁應該是一個好人吧！索性倒不如找他問問吧。透過網上向他查詢有沒有提供寵物的殯儀服務。他的回覆是有，提及了一些細節等等，但價錢方面就不太方便在網上公開，建議安采妮可以親身到他的店鋪再深入了解一下。

安采妮抱著無妨一看的心態走到陳達仁的長生店看看。奇怪的是店內又似乎找不到與寵物有關的長生用品。陳達仁有解釋為什麼，聽起來也很有道理。其實大約的收費安采妮已經搜集過資料，心裡已有個預算，後來談及有關養狗的生活點滴時感到

彼此距離拉近不少。最後陳達仁覺得大家也是愛狗之人，所以給她一個極大的折扣優惠。陳達仁還答應願意到「毛之家」做義工。安采妮覺得能夠為多比再做一點事，加上找到一個義工加入總算是圓滿了。希望在天國的牠活得快樂。

原來剛才安采妮的疑慮是正確的，其實陳達仁並未做過有關於「寵物」的殯儀服務，只不過好多人像安采妮一樣因為看過那條影片之後就向他查詢有關寵物殯儀的服務。

陳達仁雖然未曾嘗試過，他認為人與動物做法都是差不多，相對起來「寵物」的儀式會簡單得多。思前想後覺得寵物殯儀服務對他來說是一個新商機。其實早在安采妮之前已有三個人來查詢過，可是只有安采妮最終願意付訂金，不過對於陳達仁來說簡直等於已經覺得是邁向公司上市的第一步。

參與「毛之家」的義工服務，其實並非「完全」出於善心，某程度上是希望結識場內的義工們，那麼可以擴闊自己在這方面的圈子與人脈關係。

不過棋差一著，陳達仁忘記了問一個最重要的問題，就是「毛之家」有多少名義工⋯⋯

7. 雙面義工

陳達仁有生以來第一次到狗場當義工，他來到才發現「毛之家」如他想像的簡直是兩個世界。所謂的義工原來就只有安采妮與馬健。說是來做義工，辛苦程度等與雜工無異，陳達仁抱著希望在人間的精神，為了可以拓展更大的商機，叫自己無論如何都要撐下去。他們當然看不出陳達仁內心的盤算，還以為找到一個「長期義工」開心也來不及。

毛姨姨今天在菜市場的「收穫」非常豐富，陳達仁留下來一同吃晚飯，他將自己今天在「毛之家」狗場當一天義工的照片及影片放到網上，果然引來不少迴響及查詢有關當義工詳情。

毛姨姨當然非常感激他令狗場得到社會更多關注及增加義工生力軍。

不過陳達仁心中所想卻有些不同，既然義工方面人才凋零，唯有靠自己在媒體上的影響力來藉由當義工這件事，去吸引更多

人來這裡當義工，最後都可以擴闊這個圈子，所以他決定繼續在「毛之家」當義工。雖然他來當義工是別有目的，希望可以尋找商機拓展事業上的新出路，不過說到底他都是一個愛狗之人，他是非常愛惜家中愛犬，視之為子女一樣的看待，所以才會有之前所拍攝為流浪狗抱不平的影片出現。

有人說的「戲假情真」就是在陳達仁身上發生了，漸漸地他也被毛姨姨對動物的愛心與真誠、對人情世故的看法所感染。真正接觸流浪狗更發覺牠們的可愛之處，連他自己也察覺不到與「毛之家」產生出真正的感情，成為他們的一份子，不過心底裡還是想找到商機。

8. 誤打誤撞

對於機會主義者陳達仁來說，他當然不甘心自己的圈子只有「毛之家」這麼簡單，經過對附近一帶的了解，他發現原來附近也有好幾個合法的狗場。於是他向毛姨姨提議不如與鄰近幾個狗場組成一個有關流浪狗的組織，這樣就可以壯大保護及拯救流浪狗的力量。毛姨姨一向不問世事似的，當然沒有異議就由他去辦吧。

於是陳達仁就以「毛之家」代表之名走訪鄰近數間狗場先打個招呼示好，等到建立一些良好關係之後才傾談更多合作建議，重點當然是寵物殯儀服務。

之後有一天，他根據資料來到一個狗場之外，還未進去他已經覺得很奇怪。因為他這個「陌生人」來到大閘前，竟然沒有半點狗吠聲傳出來，也沒有人應門。直覺告知他必定事有蹊蹺，所以他靜悄悄地圍著這個狗場慢慢行了一圈。

走了一圈，看不到一隻狗，看不到一個人，但隱隱約約傳來臭味。不安的感覺湧上心頭，馬上致電馬健叫他盡快趕過來幫忙。

等到馬建來到，簡單告知他什麼一回事。之後二人就翻過鐵絲網爬進去。不到五分鐘便有所發現，陳達仁的直覺沒有錯，看到這個情景，身經百戰的他也差點反胃吐出來。

原來這個狗場的場主，只是一心利用流浪狗去籌集捐款，並非有心去照顧場內狗隻。結果其中一隻狗隻患上傳染病，場主亦懵然不知，病毒很快就傳染開去，狗隻相繼死亡而且速度十分快。最後場主也不想處理這麼多，索性放棄離開這個狗場，任由場內狗隻自生自滅，狗隻屍體得不到處理，所以傳出惡臭。

而最可恨的是這個場主仍然接受捐款，但實際上是間接不停地殘殺狗隻，場內72隻狗全部不是病死就是活活餓死。

陳達仁馬上報警，馬建害怕見到警察所以先行離開。眾多傳媒及記者亦蜂擁趕過來採訪這件轟動全城的新聞。陳達仁當然把握出鏡宣傳自己，認為這樣是間接宣傳他的生意的機會。繪形繪聲講出當時情況，情節當然會被他誇張及變得緊張刺激千百

倍……縱使裡面一個人也沒有。

記者當然非常樂意他的熱心幫忙。

9. 一舉成名

陳達仁勇破恐怖地獄狗場即時新聞一出,「毛之家」緊接就是下一個追訪對象。為什麼?因為陳達仁對記者傳媒說自己是「毛之家」義工。「毛之家」三個字馬上出現於各大小傳媒,毛姨姨專門接收年老多病的流浪狗艱辛經營狗場的事跡被廣傳開去。

向來作風低調的毛姨姨推掉傳媒的個人專訪,全部由陳達仁及安采妮幫忙應付。這些都只一個開始,接下來是受到毛姨姨的愛心感召,願意加入的義工人數一下子上升十倍以上,同時被送到來年老多病狗隻數量也大幅增加。單單是義工人手安排調配及捐款帳目問題,已經令陳達仁、馬健及安采妮三個人的工作量大大增加。

本來一心打算借義工之名,實為拓展寵物殯儀生意的陳達仁不知不覺間全情投入「毛之家」的義工工作,自己的生意大計都好像忘掉了一樣。

因為狗隻數目增多，毛姨姨照顧狗隻的工作量也大增，不知是操勞過度，還是食無定時所致，也不知道是甚麼其他原因，近來腹部不時感到隱隱作痛。

10. 問題浮現

「毛之家」的義工數目由本來五人左右增加至五十五人，狗隻數量亦增加到八十隻以上。問題也開始浮現，很多所謂義工實際上是周六日或遇上假期有空才會到狗場幫忙。好可惜的是大部份都是滿懷興致而來，敗興而歸，說到底「毛之家」的狗隻全部都不是討人喜歡的類型。很多都是來自拍一下當義工的實況，再擺上社交媒體之後就從此消失得無影無蹤。

可幸的是捐款是過去一年收到的三十倍以上，不少更加是以署名無名氏或有心人去捐款以示支持「毛之家」，所以才有足夠的金錢去養活所有狗隻及醫療費用等等。

陳達仁及安采妮二人對新加入的義工各有意見，但事到如今就只好見步行步。馬健與其他義工甚少交談，某程度上其他新加入的義工都會視他為怪人。

關於「毛之家」的人手問題，大家願意多走一步總算是可以

支撐下去。另一個更大的問題是毛姨姨感到腹部痛楚越來越嚴重，後來忍不住獨個兒去驗查身體。結果不幸地毛姨姨證實是患上肝癌，醫生說能夠康復的機會很微，而且嚴重程度比她想像中還要惡劣，只是表面上看來支撐得住而已。

毛姨姨知道結果之後，並沒有向其他人說患上癌症的事，只是解釋是腸胃不適而已，所以其他人都沒有再追問下去。毛姨姨到了這個時候決心開始為自己將會離開作準備，最令她不捨得是「毛之家」的狗隻，每一隻都曾經被遺棄過，牠們從沒有放棄過自己，不捨得牠們好像再一次被遺棄。

11. 時日無多

不單只毛姨姨的癌病情況越來越嚴重，義工之間的問題同樣地越趨惡化，有些人希望成為義工的領袖，有分門分黨分派的情況出現。毛姨姨都希望大家能夠和睦共處一心為照顧狗隻，為牠們建立一個幸福的家就夠了。

幸好陳達仁懂得人情世故，而且說話技巧恰到好處，所以能夠暫時平衡各方面的問題。安采妮善良的個性亦都能夠感染到更多義工一同努力。

有新加入「毛之家」的狗隻咬傷數名義工，其家人怒氣沖沖的來誓要討回公道。更揚言會告知政府漁農護理自然署來捉拿狗隻去人道毀滅，毛姨姨視「毛之家」的狗隻如同親人一樣，向義工的家人賠不是。義工的家人不停責罵毛姨姨，馬健後來沉不住氣，走上前與他們理論一番。雙方差點兒大打出手，大家一同上前勸阻。毛姨姨激動得腹痛，蹲在地上站也站不起來。

眾人見狀馬上致電叫救護車到場並將毛姨姨送到急症室去。

到了這個時候，大家終於知道毛姨姨患上了絕症，心情也沉重起來。有些更自責是否平日做得不足夠所以令毛姨姨捱出這個病來。經過醫生治療後毛姨姨的病情稍為穩定下來，忍著痛楚扮作若無其事一般，反過來安慰各人，更叮囑各人日後要好好替她守護「毛之家」，給牠們一個家愉快地生活下去，大家如果能夠做到就心滿意足。

安采妮一直留在毛姨姨身旁，這番話她會銘記於心，默默許下承諾，怎樣困難也都會堅持下去。

留院五日後，毛姨姨忽然回到「毛之家」，大家也嚇一跳，她說是醫生給她「放假」半天回來一會兒，狗狗見到她回來當然十分興奮一湧而上，毛姨姨也樂在其中。大家見到她回來，健康情況好像有點改善，覺得暫且可以放下心頭大石。

日落黃昏後，毛姨姨說不用陪她回到醫院，獨個兒乘坐計程車離開了。臨別前安采妮問她有什麼日用品或者書籍需要明天可以帶到醫院去。毛姨姨搖頭說不用了，如果有需要再告知她吧。

當大家今日見過毛姨姨之後希望之火重燃之際，當晚凌晨二時傳來噩耗。

毛姨姨在睡夢中離開人世。

12. 馬健的過去

毛姨姨突然的離開，眾人感到很傷心，「毛之家」內的狗隻好像也知道一樣，靜靜的躲在一旁，沒有像平常一樣打架和頑皮搗蛋。

傷心是必然的，但是也要面對「毛之家」的將來去向。首先要向政府延續經營狗場的問題，無奈地有義工們希望掌控「毛之家」，明爭暗鬥進入白熱化階段。就連一向沉默的馬健亦受到攻擊，因為他身份來歷不明，毛姨姨從來不肯透露有關於他的事，而又能夠一直住在「毛之家」，眾人對他的神秘來歷感到十分奇怪。

更有人覺得馬建的存在對奪得「毛之家」是一個潛藏的炸彈，覺得應該先下手為強比較好，於是有義工開始暗地裡嘗試查出他的來歷。

結果被查出馬健過去曾經犯罪而入獄的新聞，為了奪權的義工

們當然得勢不饒人，大庭廣眾之下公開他的過去，令他非常難堪，無地自容。大家表示不希望有一個有犯罪紀錄的人在此。大家作出投票決定，安采妮加上陳達仁的一方勢孤力弱，馬健難逃被趕離的厄運。陳達仁本來也意氣用事說要與馬建共同進退，可是被安采妮勸服了。因為就連他們二人也離開這裡，那豈不是將「毛之家」拱手相讓？陳達仁冷靜下來覺得安采妮也有道理。馬建無奈離開，陳達仁知道他會無家可歸，所以馬上幫他安排一個暫住的居所。馬健本來以為是到陳達仁的家暫住，後來才知道原來是安排馬健到他的長生店閣樓暫住，本來馬建感到很抗拒，因為店裡面大部份都是棺材和墳墓用的石碑，晚上獨個兒在這裡十分陰森恐怖。

可是當他一想到要流浪街頭，現在有瓦遮頭已經算是十分之幸運。

當他獨個兒面對惶恐的晚上時，安采妮與陳達仁一同來到，一同暢談過去在毛之家的趣事，與毛姨姨及狗隻的生活點滴，安采妮也不禁感觸落淚。

最後就是要商討面對義工之間四分五裂的情況，如何可以爭取奪回主導權，守護「毛之家」才是最重要。這就是他們要對毛姨姨許下的承諾作出承擔。

13. 患難見真情

義工之間的爭鬥尚未完結，確實狗場內的管理及照顧狗隻相比起毛姨姨在生的時候為差。幸好安采妮及一些仍然真心為「毛之家」付出心血、時間和努力的義工共同努力之下力挽狂瀾。

馬健雖然不能夠再進入「毛之家」，但亦可以替他們做一些粗重工作，例如從市區搬運一些物資到「毛之家」這種荒蕪的地區。縱是被排擠，但他依然對「毛之家」不離不棄，同時他也視「毛之家」的狗隻是朋友，甚至是家人一樣。

爭鬥不斷之下亦有其他問題開始浮現，就是有關動用捐款的問題。捐款帳目上開始有一些混亂及不清不楚。亦有義工嚷著要報警求助，甚至是倒不如去廉政公署舉報是否有人貪污。

牽涉到金錢與法律問題之後，雖然真相未明，但有些義工不想因此受到牽連、面對法律訴訟或者其他私人理由等等，陸陸續

續有義工離開「毛之家」，有一些人在網路上散播流言蜚語，企圖令「毛之家」難以繼續維持下去。安采妮及陳達仁盡力與一些仍然有心為「毛之家」的義工嘗試大家多走一步希望可以重回正軌。

大家亦開始發覺沒有馬健這個表面上無薪全職義工的幫忙，確實是對日常運作有很大影響。有些本來反對他留在這裡的人也開始醒覺，覺得自己之前做得實在太過分。

後來大家再一次發起投票，結果大比數通過邀請馬健回到這個大家庭，雖然捐款大幅減少，但仍然決定給他每月一些微薄的薪酬。馬健覺得十分感動，離開了監獄這麼久，終於覺得自己獲得社會重新接納，可以回去見他的一群「好朋友」，不過最開心還是不用住在長生店與棺材和骨灰盅為伴。

14. 延續毛姨姨心願

雖然經歷不少風風雨雨，大家同心協力終於可以重新出發，有人喜歡爭名逐利，亦有善心人抱著大恩不必記的心態，上天好像知道我們的一舉一動，義工內部風波期間的捐款一蹶不振，事件平息後突然收到數筆大額的捐款，各人都感到非常感恩。馬健繼承了毛姨姨的習慣經常到菜市場「尋寶」。

陳達仁亦有所改變，開始並非每件事以商業角度去考慮，本來打算藉著寵物殯儀服務為自己的事業打開另一片天。可是現在已經不同了，對於有需要幫助人士會提供半價甚至是免費的寵物殯儀服務，好讓動物可以有尊嚴地離開人世。

正當大家以為可以順利延續毛姨姨的心願，新的問題突然又來到眼前。一名地產經紀「肥波」到來，他有點害怕狗隻，一來到聽到狗吠聲就已經不敢進去。他表示這個狗場的地主決定不再續租給「毛之家」，因為即將要將土地轉售給予地產商發展

高級私人豪宅別墅。肥波更表示地主已經相當仁慈，提早四個月時間通知他們，好讓他們有時間安排。

15. 前路難行

對他們來說肥波帶來這個消息簡直是晴天霹靂，難關好像一個接一個，到底何時才可以完結？要另覓地方再開一個新狗場嗎？時間、金錢和人力物力，三方面都是缺一不可，但他們知道時間一分一秒流逝，不會等候他們思前想後。陳達仁主動出擊去找肥波幫忙想想辦法。首先是可否延遲遷出。第二，就是可否幫忙另覓土地重新建立狗場。

肥波起初都不太明白為什麼他們如此著緊為這些流浪狗的去向，還要付出一大筆金錢為這些被人遺棄的狗隻重新建立家庭。陳達仁是一個說故事的能手，他分享自己的個人經歷，如何真正成為義工的經過，毛姨姨的故事。肥波逐漸開始明白他們的心態。

後來肥波鼓起勇氣進入狗場了解一番，親眼看過後心態有所頓悟。

再經過安采妮與陳達仁動之以情，用誠意打動肥波幫忙。由於他們資金有限，最後只能夠租一些農村別墅暫時當作狗場，雖然比起過去的擠迫，更有被投訴的風險，但事到如今，唯有見步行步。放棄的話所有狗隻必定被政府人員帶到漁農處，最終命運都是被人道毀滅，他們實在於心不忍，無論如何都要守護牠們的生命。

16. 燃眉之急

轉眼間當日的地產經紀肥波搖身一變成為「毛之家」的義工一份子，與狗隻日久生情，從怕狗到其後收養了一隻回家。

現在是分秒必爭，因為這個地方是緩兵之計，隨時有被告發的危險，肥波盡力為他們尋找新地方可以重建狗場。

但是如今這一帶農地開始被地產發展商收購，水漲船高之下，地主已經不想出租或者變賣土地，目標是等候地產商善價而沽。毛姨姨離開後，大家終於有機會坐下來，回想一下加入「毛之家」這個大家庭的點點滴滴，大家都一樣開始是以一個嘗試的性質去參與，沒想到被毛姨姨的精神所感染，盡力為被遺棄的動物出一分力，不想牠們再被遺棄。竟然來到今天繼承了她的理念，就算這段日子多麼困難，多麼艱苦也在所不辭。

惡運似乎仍未離開，因為太多狗隻聚集在這個新地方，狗吠聲和氣味等等，導致被投訴，接到了政府發出的警告信必須盡快

離開，否則將會採取法律行動。這個消息令他們感到好似被逼上絕路一樣，暫時來說唯一的辦法就是越多人領養狗隻越好，萬一真的被漁農處接管，少一隻，就可以多活一隻。

經歷風風雨雨後變得堅強的安采妮今天也忍不住流下眼淚，十分痛心是一個接一個的難關都可以跨過，只要等到肥波可以找到價錢合理的新地方就可以渡過這個難關。

經過他們不停呼籲及努力，總算有四分之一的狗成員被領養。可惜距離他們要搬離的日子剩下不到一個月。肥波也盡他最大的本事去尋找地方，最終給他找到一個持有農地的村民有意出讓他的土地，而且價錢相當便宜，大約只是市場價的五成。

原因是該片農地不久前發生過命案，而且近日更傳出鬧鬼事件，有電視台攝製隊到此靈探的時候，有主持人據說被靈體附身，發狂後當場暈倒，最後被送入醫院。事情鬧大了，這片農地近乎生人勿近，甚至連地產也不願收購，所以地主願意割價出售。

對他們來說買農地興建狗場當然是最好，因為免得將來又會被地主趕走，可惜資金不足。對陳達仁來說出入殯儀館和墳場也

不怕，他會怕什麼鬧鬼？對他來說只是小事一樁。安采妮及其他義工後來也被說服了，剩下來就是資金問題。

17. 絕處逢生

肥波帶陳達仁假扮買家與鬧鬼農地地主見面，地主接過卡片知道陳達仁的來歷，假裝一同到農地視察一下。陳達仁拿出一些法器裝模作樣好像做超渡法事一樣，最後扮作不敵靈體，被嚇到逃跑了。肥波打蛇隨棍上勸喻地主不如再減價給「毛之家」。地主無奈再將售價調低一成。

很可惜因為近日要支付狗隻的醫療費十分昂貴，能夠動用的金錢其實少之又少，對於能否維持下去，大家好像已經再無懸念。日子正在倒數，大家可以相處共渡多一天，多一刻也好，大家感覺上已經是賺到了。

有一天，令人難以置信的事情發生，馬健外出回來之後，他拿出一張支票，上面的銀碼大家一看是足以支付購買農地的款項。大家都十分驚訝，追問他為何可以得到這筆錢？

他本來是沉默，之後忍不住哭了，可是到最後又心滿意足地笑了一笑。

18. 謝謝毛姨姨

這一天，馬健獨個兒走到圓玄學院拜祭毛姨姨及他的家人，這是他對毛姨姨生前的承諾，今天更加是毛姨姨的生忌，他買了一個小小的蛋糕到來。其實每一次來，他都會向毛姨姨談及大家的近況，不過當然是報喜不報憂。

當馬健打算回程的時候，走到一處近山坡的位置，他聽到山坡下傳來狗吠聲，根據他對狗隻的熟悉從而辨別得出是求救的叫聲。他細心再判斷聲音來源的位置，就馬上從高處走到山坡下搜索狗隻的蹤影。

結果很快就被他找到了，原來是一隻唐狗不慎掉下山坡，前後腳各有一隻骨折，馬健馬上小心翼翼抱起牠，一步一步慢慢往山坡上爬，情況看起來有點危險。與此同時，山坡上有人呼喊：「小王，小王？」。直覺告知馬健這個人必定是狗隻的主人，回應說：「牠跌斷了雙腿，不過沒有大礙。請放心吧！我會帶牠上來。」

那個山坡上呼喊的人就是毛金妹，當馬健與小王爬上來後，馬健與毛金妹大家都愣住了，二人好一會兒都說不出話來。因為他們雙方曾經都把對方視作不存在，但最矛盾的是又會惦記著對方，當這一刻再碰面，百般滋味湧上心頭。

毛金妹就是馬健的媽媽⋯⋯。

毛金妹怪責自己未有從小好好管教兒子馬健，導致他誤入歧途最後因而入獄，前途盡毀，深感自責。她沒有怪責過兒子，馬健入獄期間毛金妹並沒有去探望過他，她不是憤怒兒子犯下大錯，而是沒有勇氣再面對他。

馬健曾經將自己犯錯的責任部分推卸到母親身上，其後在獄中已經深切反省痛改前非。可是同樣地沒有勇氣再面對母親，所以出獄後選擇流浪街頭。

此刻再見面，雙方百般滋味在心頭，一隻被救的流浪狗，間接令二人終於願意放下心結坦誠訴說近況，毛金妹從馬健口中得知原來他就是到了毛姨姨的「毛之家」工作。

毛金妹很久沒有見過毛姨姨，心中有一股不祥預感，當再從馬

健口中得知毛姨姨已經離開人世的時候，驚聞噩耗的毛金妹差點暈倒了。

毛金妹與馬健一同拜祭毛姨姨後，馬健順道探望一下毛金妹一直照顧的流浪狗。毛金妹見到他們很快便很投契也感到甜在心裡，感覺到馬健真的轉變了，由過去火爆衝動變得有愛心和耐性。

最後，毛金妹願意用自己的積蓄去幫「毛之家」渡過難關，馬健見到媽媽仍然要日曬雨淋在山上當清潔工人，怎過意得去呢？她卻認為這絕不是一件苦差，就與毛姨姨一樣，開始了就不想牠們再一次被遺棄，馬健與「毛之家」眾人不都是一樣嗎？

過去毛姨姨也有給毛金妹一點點錢用來買食物給流浪狗，來到今天就當「連本帶利」歸還給毛姨姨。

終於可以雨過天晴，「毛之家」終於擁有自己的永久用地。

「毛之家」永遠都屬於兩位毛姨姨的。她們的精神與理念會由義工一直延續下。

毛姨姨……謝謝您。

《完》

Chapter 6

守護毛孩

·安采妮

別讓毛孩流浪

I.

流浪動物可以稱得上是被世人最忽視的一群，冷嘲熱諷都已經是家常便飯，我最常聽到的一句是「很多人都需要幫忙，你跑去幫這些畜生？」

以我所知德國是幾乎不會看到有流浪動物的國家。因為德國有「養狗法」以及各聯邦州的規定，當您打算飼養大型犬或特定犬種之前，你必先要通過理論測驗，並取得飼養執照。

考試題目當中包括如何照顧狗隻、動物醫學常識和有關寵物的法律常識等等。假如發現遺棄動物最高罰款大約22.5萬港元。該國對動物有「零安樂死」的法律措施，除非動物患有嚴重疾病要安樂死，否則被棄養的動物都可以入住在政府管轄的動物收容所內直至終身。

反觀香港於2017年一共有1,478隻流浪狗最後被政府有關部門「人道毀滅」，當中亦有588隻幸運地被領養，可以重過新生活。當然數字上可能會有少許偏差。

人們常常說流浪動物影響公眾衛生及人類正常生活，但大家有否想過「地球」本來是所有生物共同享有的，只是人類不斷開發土地，令動物棲息之地範圍越來越少。更甚至因為城市化發展而令動物喪失家園甚至死亡。

再者浪流動物很多本來是有個「家」，可惜都是被主人遺棄以至流浪街頭無家可歸。如果我們反過來說流浪動物阻礙我們生活就似乎太過不合情理。

其實流浪動物生活要求很簡單，就是可以自由地生存下去。

II.

序言提及到我中學時期去公園餵食浪流貓的經歷，我也想再向大家分享多一些當中的故事。其中一隻流浪貓與我的感情特別深厚，我每天下課後都會到公園探望牠，將自己省下來的午飯錢來買一些貓糧，就算是下雨天也是跑去為牠們遮風擋雨。日

子一天一天過去，認識到一些願意來幫忙照顧這群流浪貓的人，大家彼此交流照顧動物的心得。還記得那一次我趕走了那個欺負流浪貓的人。其中一隻貓向我好大聲「咪」叫了一下就跑過來我身邊。

這一刻我感覺到雖然人與動物語言上不相通，但我知道牠很感謝我的幫忙，知道我對牠好。

對於動物保護方面，香港道路駕駛條例是十分之落後於國際社會。例如《道路交通條例》第56條訂明，當路上發生涉及車輛的意外並引致動物受到損害，只包括馬、牛、驢、騾、綿羊、豬和山羊七種動物先要停下，竟然不包括貓和狗？

然而，車輛撞倒以上七種動物要停車，原來並非因為動物受到傷害以至死亡，而是因為損壞了他個人「財產」，即是汽車！

現時香港好多法律條例或者是政府措施，所謂改善香港社區流浪動物問題。表面來看似是相當不錯，但只要深究一下最終目的絕對不是想照顧被遺棄的流浪動物從而令牠們可以有尊嚴地活下去，而是害怕流浪動物對環境衛生造成影響或者危害一般人的安全，雖然都是問題之一，但對於動物是要想辦法去妥善

安排，要尊重生命，何必好像是要對流浪動物「趕盡殺絕」似的？可否尊重動物應有的生存權利？

真心希望香港以至世界更多的地方都可以落實執行更多有助保護動物的條例。不過說到底還是希望人類能夠對動物有愛心和尊重生命才是最實際，也是最有效。

III.

拍攝動保電影期間遇到一件事到現在也記憶猶新，歷歷在目。

2018年2月8日，早上9時許駕車由住所出發前往拍攝場地，由於所住的地理位置，外出到市區的公路有非常多大貨車來來往往，而且剛巧碰上早上繁忙時間，駕駛路程到中段的時候，突然見到前面的大貨車亮起訊號燈要切線到另一邊。起初我也不以為意去猜測發生甚麼事情，當駕駛到該段位置時，我被當時的畫面嚇得呆了一呆。

貨車要急忙切線的原因是公路有一隻狗意外慘遭車輛輾過，死狀可想而知是相當恐怖，我只想到可以用「腸穿肚爛」去形容。

看到狗狗慘死在公路上，我實在不忍心就此離去。我馬上亮起車輛的死火燈，並把車輛停靠在安全的位置上。因為我想先安置好狗狗的遺體才安心離開，但我知道這樣做是會影響到工作人員的進度，心想必定受到責罵，但我實在接受不了就此離開。

我馬上從車尾箱內拿出一塊汽車太陽遮擋板，再將狗狗的屍體搬到板上。當時狗狗的身體仍有餘溫，我彷彿感到牠好像仍然是有生命的，牠好像仍然會感到痛楚，所以我搬動牠的時候會小心翼翼。

我一邊搬，眼淚一邊不停地流下來。搬動牠的屍體期間，身邊不停有貨車駛過，我很感激司機們沒有因為我阻礙了一條行車線引致交通有點擠塞而不停響號。當我拖著狗狗的屍體走向公路邊時，司機們的態度很禮讓，令我感到人間溫暖。

最後致電請動物善終公司人員到來現場幫忙安排狗狗的身後事。

最後因此事延遲了一個小時才到拍攝場地，幸好得到劇組人員的體諒，沒有被責罵。

動物也是生命，活著要活得有尊嚴，死後也應該要有尊嚴
的離去。

離開世上也別讓牠們流浪，但願可以在天國好好的活。

我的非常狗主鄰居

香港的圍村部份仍保留著「非常」傳統的古老思想。很多時候都把狗隻當為工具。任何情況下都不會理會牠們的感受。甚至沒有把牠們視之為有血有肉的「生命」。

我有兩位鄰居就是這種人了！

其中一家人他們養了數隻黑色的狼狗，其中一隻是狼狗媽媽與牠的小黑狗寶寶，有一次黑狗媽媽被車輛撞至前腿斷了，還流了很多血，我勸籲鄰居請他們帶狗媽媽去看獸醫，但他們多番推搪。不願意帶狗媽媽去看獸醫，還指著狗媽媽說「活該」，他們不會因此而感到心痛，還好像覺得狗媽媽為他們帶來麻煩。最後我提出不如我帶狗媽媽去看獸醫而醫藥費全數由我來支付。鄰居的態度馬上180度轉變，由嚴肅變得寬容，「非

常」贊成我的建議。我知道狗媽媽與及牠的小狗如果繼續留在這個家庭這種事情只會重複地發生。經過一番勸喻，鄰居讓我幫忙替狗媽媽及他的小寶寶尋找領養家庭，而其中一隻「小狗寶寶」最後成為我的家庭成員。

II.

2018年夏天香港遇上十號超強颱風山竹，對香港造成極大破壞，大家還記得嗎？大家可能當時可以安在家中，一邊留意風暴消息，一邊靜靜等待山竹離開，感到有個家很安全。說出來也難以相信，我的另一位鄰居竟然任由自己所飼養的狗隻在屋外面對著超強颱風，受盡風吹雨打甚至被雜物擊倒的危險也置之不理。

這件事令我憤怒程度達到第十級！我留意了這一家人很久，無論是晴天雨天甚至是黑色暴雨訊號都不會讓自己所飼養的狗隻入屋，一直都只是為狗隻提供食水及食物。

超強颱風山竹來臨前已經收到不少消息知道這個颱風非比尋常，破壞力絕對是相當驚人，香港各處已經為颱風來臨作好安全預防措施，我心裡也很擔心這隻狗的情況，我當時仍在工作

中未能趕回家去，所以我找家中的女傭幫忙去看看這隻狗是否仍然在家門外徘徊，結果如我所料他的主人沒有讓牠回到家中。所以我寫了一段訊息發給我家的女傭請她幫忙手寫一張字條交給鄰居，希望在颱風來臨前會回心轉意讓狗隻入屋躲避。

我自問字條也寫得十分誠懇有禮，鄰居看過我的字條後竟然怒罵我的女傭說她多管閑事，這是他自己的事，他心中有數。我家女傭面對這個比超強颱風山竹更可怕的惡漢當然盡快離開。

當我完成工作的時候差不多回家途中，八號烈風信號已經懸掛，在呼呼的烈風底下我走去鄰居的花園看看那隻狗的情況，見到可憐的小狗嚇得四處躲避烈風的吹襲。八號颱風底下叫天不應叫地不聞，當然這一刻想找個朋友來幫忙與這位惡鄰居理論是沒可能的事，就算是朋友過來的時候路上也會有一定的危險。

這個時候唯有靠自己鼓起勇氣穿起雨衣及水靴跑過去與這位惡鄰居理論一番，這位鄰居的家當時原來還有兩位彪形大漢，其實當時我也感到很驚慌，但唯有硬著頭皮表明來意。他們應該看穿了我很膽怯，所以說笑般叫我拿出手機來拍攝，若果有什麼事可以用來作證據。我當時看到他所飼養的小狗好像已經失

去活動能力一樣躲在一旁不停打冷顫。這個主人把花園的物品已經好好安置在一旁，以免被就快到來的風雨帶來破壞，但是自己所飼養的狗隻反而得不到保護。難道狗隻的生命比不上一些死物？

強風越來越凜冽，花園內的東西都開始東歪西倒，還差點擊中小狗。我忍不住又跑過去找這個鄰居。按門鈴沒有反應，我不停拍打他的花園大閘，過了很久鄰居終於撐著雨傘走出來。

他一面不悅的走過來，我又很有禮貌地請求他讓小狗暫時入屋躲避暴風雨。

這位鄰居的回應也十分有創意，他不耐煩的說：「我都知道！是牠不願意入屋，死也不願意入去，我也沒辦法，你快走吧！」

說完他馬上返回家中，我也呆了一呆。

我回到家中想想還有什麼方法可以一試，我馬上將這件事原原本本地放到社交媒體上。不消片刻，鄰居的惡行馬上引起公憤，很多有心人樂意轉發事件及留言回應。後來不單在社交媒

體上流傳，主流媒體也跟著報導這件事。

最終有鄰居的親戚告知他事情已經鬧大，小狗的主人備受壓力之下終於讓小狗「入屋」了。

其實這件事因為事出突然我才情急之下才在社交媒體去試試給予鄰居壓力。日後我會與這位鄰居溝通一下，萬一遇上惡劣天氣他可以將小狗暫時送到我家中避風雨。

年少無知動保義工初體驗

原來到動物保護組織當義工也不是想像中簡單的事，還記得第一次到動物保護組織當義工時，我還是一名中學一年級學生，可能當時年紀太小的關係，組織人員安排我到貓房替小貓梳理毛髮。幻想總是美好的，可以外出探險，像個超級英雄一般去拯救小狗或者是日日拖著小狗四處玩就可以。原來只是待在貓房梳呀梳，待上好幾天感覺悶得發瘋了，現實與幻想落差太大，所以很快就放棄不幹。

過了好幾年又再嘗試去當義工，這一次終於可以嘗試做一些與拯救狗狗有關的行動，參與過後才明白對於拯救狗隻原來自己什麼也不懂，我當時主要負責阻擋去路別讓流浪狗逃掉。

其實當這種義工真是非一般人所能及，因為有時候拯救過程很消磨個人意志。因為有時候要在同一個地方說不定要等待多少天才有機會成功拯救到流浪狗，能讓「毛孩」可以重過新生活固然是開心，但行動失敗心情會往下沉得更深。

不得不提，動物保護組織義工的拯救行動，每次就像是與時間競賽一樣，每一次都覺得自己好像消防員或救護員一樣盡快趕赴現場，當初我也不明白為什麼？

原來當有人發現流浪狗流連在高速公路上或者是行人天橋頂部，總而言之這些對動物來說是危機四伏的地方。因為人類有相關認知，所以會有警覺性，但是動物卻不會理解到危險所在。

義工們遲一步到現場的話，動物就多一分危險，例如趕到現場時狗隻已經被車撞死了。生與死亡就是在意外的一瞬間。

至今仍然印象深刻的是每逢遇上颱風來臨就是我們義工最繁忙的時候。拯救對象不是流浪狗，因為牠們懂得躲避風雨來襲，這是動物基本的求生本能。我們要去拯救的是於新界臨時貨櫃場被場主用鐵鏈鎖上，被迫留在貨櫃場內面對強風暴雨。因為牠們無法躲避，很多時候會活生生地被雨水浸死或者被倒下來的雜物壓死。

很多貨櫃場的場主只是視牠們為工具而已，看守門口的狗隻也有生命，一場風雨，在人類的自私心理底下，很可能有著無數的生命慘被犧牲。

電影・後記

陳達仁說⋯⋯

電影有謝票活動不是新鮮事，演員和導演於電影完結後到場答謝觀眾蒞臨欣賞，觀眾感到自己被尊重，演員和導演亦可以在現場與觀眾交流，鞠躬致謝，場面是十分令人感動的一件事。

然而我與安采妮一同去謝票的場次之多，我可以大膽肯定已經打破了全港紀錄，甚至有機會列入健力士（台譯：金氏）世界紀錄大全。有時候觀眾只是與我們握手或者是合照，每一張臉都是匆匆閃過。

但出乎我意料之外的是從電影上映開始，不斷在Facebook收到觀眾的私訊，很多都是說這個故事很感動人，很高興終於等到香港有一套關於動物保護為主題的電影。

有些觀眾更會說因為時間關係或現場人數眾多未能有時間互相多作交流。更令我出奇的是不少觀眾觀賞完電影後，也會將他與毛孩的故事透過文字告訴我。因時間繁忙關係，我也未能夠

詳細好好地用心回覆每一位觀眾的故事，真的十分抱歉。看在眼裡，記在心裡，或許每一位的故事就是我日後再創作有關動物保護電影的靈感泉源，衷心謝謝各位。

安采妮說······

令我喜出望外的是這套動物保護的電影給予一些長期住在狗場的狗隻被領養的機會。例如拍攝團隊其中一名員工於拍攝期間與其中一隻狗隻產生感情，因而領養牠回家。

而當電影上映期間，我到一些戲院謝票的時候，亦有觀眾主動走過來告訴我，戲中某個場景出現的狗隻已經被他領養了。看到家中的愛犬成為了電影小演員感到無比興奮，更感謝我們拍攝了這套電影去宣揚愛護動物的訊息。

我聽到這種消息後，其中的滿足感難以言傳。只要有一個人能夠被改變，這就是我最大的成就。

千萬不要覺得一個人的力量有限，做不到什麼，只要每人願意踏出一步，加起來的力量就是無比強大。每個人都可以做得到，哪怕只是叫人去看一套以動物保護為主題的電影也好，謝謝大家。

釀生活22　PH0228

 香港動保電影：
光影背後的動人故事

作　　者	陳達仁、安采妮
責任編輯	鄭伊庭
編　　審	白　雪
圖文排版	林宛榆
封面設計	米蘇度創作有限公司
封面完稿	楊廣榕

出版策劃	釀出版
策劃公司	傑拉德有限公司 米蘇度創作有限公司
製作發行	秀威資訊科技股份有限公司 114 台北市內湖區瑞光路76巷65號1樓 電話：+886-2-2796-3638　傳真：+886-2-2796-1377 服務信箱：service@showwe.com.tw http://www.showwe.com.tw
郵政劃撥	19563868　戶名：秀威資訊科技股份有限公司
展售門市	國家書店【松江門市】 104 台北市中山區松江路209號1樓 電話：+886-2-2518-0207　傳真：+886-2-2518-0778
網路訂購	秀威網路書店：https://store.showwe.tw 國家網路書店：https://www.govbooks.com.tw
法律顧問	毛國樑　律師
總 經 銷	聯合發行股份有限公司 231新北市新店區寶橋路235巷6弄6號4F 電話：+886-2-2917-8022　傳真：+886-2-2915-6275

出版日期	2019年4月　BOD一版
定　　價	240元

Printed in Taiwan

國家圖書館出版品預行編目

香港動保電影：光影背後的動人故事 / 陳達仁, 安采妮著.
　-- 一版. -- 臺北市：釀出版, 2019.04
　　面；　公分
　BOD版
　ISBN 978-986-445-326-9(平裝)

　1.動物保育 2.電影片 3.香港特別行政區

548.38　　　　　　　　　　　　　　108005292

讀 者 回 函 卡

感謝您購買本書，為提升服務品質，請填妥以下資料，將讀者回函卡直接寄回或傳真本公司，收到您的寶貴意見後，我們會收藏記錄及檢討，謝謝！

如您需要了解本公司最新出版書目、購書優惠或企劃活動，歡迎您上網查詢或下載相關資料：http:// www.showwe.com.tw

您購買的書名：_____

出生日期：_____年_____月_____日

學歷：□高中 (含) 以下　　□大專　　□研究所 (含) 以上

職業：□製造業　□金融業　□資訊業　□軍警　□傳播業　□自由業
　　　□服務業　□公務員　□教職　　□學生　□家管　　□其它____

購書地點：□網路書店　□實體書店　□書展　□郵購　□贈閱　□其他

您從何得知本書的消息？

　　□網路書店　□實體書店　□網路搜尋　□電子報　□書訊　□雜誌
　　□傳播媒體　□親友推薦　□網站推薦　□部落格　□其他_____

您對本書的評價：（請填代號　1.非常滿意　2.滿意　3.尚可　4.再改進）

　　封面設計____　版面編排____　內容____　文／譯筆____　價格____

讀完書後您覺得：

　　□很有收穫　□有收穫　□收穫不多　□沒收穫

對我們的建議：_____

_____

_____

_____

11466
台北市內湖區瑞光路 76 巷 65 號 1 樓

秀威資訊科技股份有限公司　　　收

BOD 數位出版事業部

....

（請沿線對折寄回，謝謝！）

姓　　名：＿＿＿＿＿＿＿＿　年齡：＿＿＿＿　性別：□女　□男

郵遞區號：□□□□□

地　　址：＿＿＿＿＿＿＿＿＿＿＿＿＿＿＿＿＿＿＿＿＿＿

聯絡電話：(日) ＿＿＿＿＿＿＿＿＿＿　(夜) ＿＿＿＿＿＿＿＿＿＿

E-mail：＿＿＿＿＿＿＿＿＿＿＿＿＿＿＿＿＿＿＿＿＿＿